BEI GRIN MACHT SICH IHR WISSEN BEZAHLT

AF131296

- Wir veröffentlichen Ihre Hausarbeit, Bachelor- und Masterarbeit

- Ihr eigenes eBook und Buch - weltweit in allen wichtigen Shops

- Verdienen Sie an jedem Verkauf

Jetzt bei www.GRIN.com hochladen und kostenlos publizieren

Martin Freidank

Sozialer Wandel und moralische Krise nach Émile Durkheim

GRIN Verlag

Bibliografische Information der Deutschen Nationalbibliothek:

Die Deutsche Bibliothek verzeichnet diese Publikation in der Deutschen National-
bibliografie; detaillierte bibliografische Daten sind im Internet über http://dnb.d-
nb.de/ abrufbar.

Impressum:

Copyright © 2013 GRIN Verlag GmbH
Druck und Bindung: Books on Demand GmbH, Norderstedt Germany
ISBN: 978-3-656-49340-2

Dieses Buch bei GRIN:

http://www.grin.com/de/e-book/232367/sozialer-wandel-und-moralische-krise-nach-
emile-durkheim

GRIN - Your knowledge has value

Der GRIN Verlag publiziert seit 1998 wissenschaftliche Arbeiten von Studenten, Hochschullehrern und anderen Akademikern als eBook und gedrucktes Buch. Die Verlagswebsite www.grin.com ist die ideale Plattform zur Veröffentlichung von Hausarbeiten, Abschlussarbeiten, wissenschaftlichen Aufsätzen, Dissertationen und Fachbüchern.

Besuchen Sie uns im Internet:

http://www.grin.com/

http://www.facebook.com/grincom

http://www.twitter.com/grin_com

Humanwissenschaftliche Fakultät Department Erziehungswissenschaft
Theorie der Schule und des Lehrplans

Die Erziehungssoziologie Émile Durkheims
Wintersemester 2012/13

SEMINARARBEIT

Sozialer Wandel und moralische Krise nach Émile Durkheim

Martin Freidank

7. März 2013

These

Die europäischen Gesellschaften der Gegenwart (Durkheims Gegenwart) befinden sich in einer schweren moralischen Krise, die auf die Machtlosigkeit des Geistes der Disziplin zurück zu führen ist.

Inhaltsverzeichnis

1 Einleitung

Häufig werden soziale Probleme mit einem gesellschaftlichen Mangel an Moral in Verbindung gebracht - von Politikern jeglicher Couleur. Ob es um die vermeintliche Unmenschlichkeit der Marktwirtschaft, Prostitution oder Abtreibung geht - eines haben sie gemeinsam: das Fehlen von Moral ruft (zumindest in deren Augen) negative Erscheinungen hervor. Dabei wird der Moralmangel oft mit allgemeinen Veränderungen der Gesellschaft begründet, durch den Vergleich mit vormaligen Zuständen ("Früher hätte es das nicht gegeben") wird eine Verbindung von sozialem Wandel und Moralverfall deutlich gemacht.

Bereits ÉMILE DURKHEIM stellte im Rahmen seiner Vorlesung an der Sorbonne 1902/03 einen Zusammenhang zwischen gesellschaftlichen Umbrüchen und deren negativer Wirkung auf die Moral einer Gesellschaft auf. So sieht er seine Gegenwart als Zeit der größten moralischen Krise in Europa überhaupt.

Daran anknüpfend soll im Rahmen dieser Arbeit untersucht werden, inwiefern sich diese Krise nach Durkheims Lebzeiten weiterentwickelte (mit besonderem Fokus auf die deutsche Gesellschaft), ob sie sich gelöst hat oder ob wir weiterhin eine Periode moralischer Unzulänglichkeit durchlaufen. Dazu muss zuerst der von Durkheim aufgestellte Zusammenhang zwischen gesellschaftlichem Umbruch und dessen Einfluss auf die Volksmoral erklärt werden. Darauf aufbauend soll, Durkheims Argumentation folgend, ein Bogen zur gesellschaftlichen Entwicklung Deutschlands des 20. Jahrhunderts geschlagen werden, mit besonderem Hinblick auf die *Elemente der Moralität* und die erwähnte moralische Krise.

Da ich mich mehr für die "freie" Entwicklung von Moral in Abhängigkeit von der Gesellschaft interessiere, werde ich auf eine Betrachtung der DDR verzichten, da die autoritären bis totalitären Machstrukturen das Bild erheblich verfälschen würden.

1.1 Moralbegriff

Da "Moral" ein vielschichtiger und perspektivenabhängiger Begriff ist, werde ich zunächst den durkheimschen Moralansatz, der in dieser Arbeit verwendet werden soll, nachvollziehen. Durkheim schreibt:

> *"Beobachten wir die Moral, so wie sie existiert, so sehen wir, daß [sic!] sie aus einer Unendlichkeit von speziellen, genauen und bestimmten Regeln besteht, die das Verhalten der Menschen in den verschiedenen Lagen, die am häufigsten vorkommen, festlegen."* [Dur84, S.79]

3

Moral ist Durkheim zufolge also ein Kontinuum aus impliziten und expliziten Verhaltensregeln.

Dabei trägt sie zwei Aspekte: „Pflicht" (*devoir*) und das „Gute" (*bien*). Der Pflichtaspekt stellt eine Autorität dar, die sich durchsetzt, während das Gute eine Gewissensentscheidung für das „Richtige" abbildet [Dur84, vgl. S.144]. Der Pflichtaspekt wirkt in Durkheims Schaffen aber sehr dominant, da die Moral bei ihm fast immer im Zusammenhang mit Regeln und Normen auftritt.

Die Moral in Durkheims Schaffen ist dabei nicht vollständig als universell für alle Menschen geltend, es gibt durchaus spezifische Moralen für Untergruppen der Gesellschaft, z.B. die Berufsmoral, die bestimmte Verhaltensregeln eines Berufsstandes regelt, wie bei Ärzten oder Juristen [Dur91, vgl. S.9ff.].

1.2 Die Elemente der Moralität

Durkheim zufolge wird die Moral wird von den *Drei Elementen der Moralität*, gewissermaßen Quellen moralischen Verhaltens, motiviert:

Der *Geist der Disziplin* Menschen entwickeln ein Vertrauen in die moralischen Normen durch Gewohnheit und Disziplinierung durch eine Autorität[1]. Man handelt also moralisch, weil man gewohnheitsmäßig einer Regel oder einer Norm folgt, die als solche moralisch ist. Diese Normen sind das Produkt des gesellschaftlichen Wesens, eine Art Konsens, zu dem jeder Einzelne ein Stückchen beiträgt [Dur84, vgl. S.80ff.].

Der *Anschluss an soziale Gruppen* Durkheim betrachtet Handlungen, die sich auf ein Kollektivinteresse richten und so dem Einzelnen nicht unmittelbar nützen als moralisch. Voraussetzung für ein solches Verhalten ist die Integration des Individuums in einem Gesellschaftswesen [Dur84, vgl. S.110f.]. Als Vertreter einer holistischen Gesellschaftauffassung sieht Durkheim die Gesellschaft als eine Art selbstständige Person an. Das ermögliche es ihr, überhaupt zum Ziel individueller Handlungen zu werden.

Die *Autonomie des Willens* Durkheim postuliert, dass trotz aller Regeln eine moralische Handlung immer aus freiem Willen getätigt werden müsse. KANT folgend sieht Durkheim die Autonomie als Resultat vernünftigen Willens an. Da der Mensch aber kein vollständig rationales Wesen ist, benötige er Gesetze, die seinen Willen lenken. Der scheinbare Widerspruch löst sich also von selbst: Regeln stellen weniger eine Beschrän-

---

[1]bei Durkheim insbesondere in Form staatlicher Schulen

kung des freien Willens dar, sondern sind vielmehr überhaupt Bedingung für diesen. [Dur84, vgl. S.154ff.].

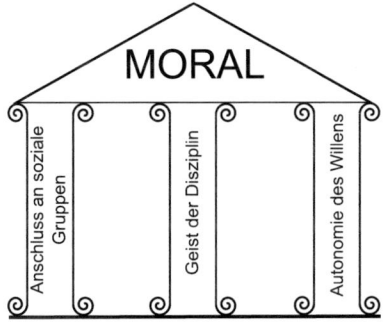

Abbildung 1: Metaphorische Darstellung der Drei Elemente der Moralität als Stützen der Moral

2 Hauptteil

2.1 Gesellschaftlicher Wandel und Moral

Nach Durkheim ist Moral kein *„ewiges und unveränderliches Gesetz"* [Dur84, S.152], sondern durchaus imstande, sich gesellschaftlichen Entwicklungen anzupassen. Ebenso behält die Moral wie die Gesellschaft immer Gemeinsamkeit mit der ihr vorhergehenden Version. So sei dann auch die Moral des Mittlelalters mit der des Frankreichs zu Durkheims Zeiten verwandt [Dur84, vgl. S.152f.].

Kennzeichnend für gesellschaftliche Umbrüche ist der Machtverlust des Geistes der Disziplin: bei großen gesellschaftlichen Veränderungen (denkbar wären beispielsweise Revolutionen) könnte so das Regelsystem in seinen Grundfesten erschüttert werden [Dur84, vgl. S.148f.]. Wenn in solchen die anderen beiden Elemente der Moralität nicht für Ausgleich sorgen können, *„so fällt die Nation leicht in einen Schwächezustand, der für ihre materiellen Existenz nicht gefahrlos ist"* [Dur84, S.149]. Im Rückgriff auf die Gebäude-Metapher (s. Abbildung 1) könnte man vom Wegbrechen einer Stütze sprechen.

Bereits im *„Selbstmord"*, führte Durkheim an, dass die Unklarheit und Schwäche sozialer und moralischer Normen (*„Anomien"*) abweichendes Verhalten (im negativen Sinne)

5

und ebenfalls die Selbstmordrate erhöhe.

2.2 Entwicklung in Deutschland

Ich möchte zunächst in Erfahrung bringen, inwiefern sich die Elemente der Moralität bis in die heutige Gegenwart weiterentwickelt haben, um von deren Zustand auf die Moral im Allgemeinen zu schließen. Damit folge ich der Konzeption des Gebäudemodells, demnach die Moral direkt von den Elementen der Moralität abhängt.

Durkheim behauptet, die Kollektivdisziplin an sich hätte ihre Autorität komplett verloren, was sich ausdrücke in *„auseinanderstrebenden Tendenzen, die das öffentliche Bewusstsein beunruhigen, und* [der] *allgemeine*[n] *Ängstlichkeit"* [Dur84, S.148]. Darin erkenne ich zum Einen die Tendenz zur Ausdifferenzierung der Lebensformen, verbunden mit einem Gefühl der Unsicherheit. Auf diese zwei Indikatoren will ich mich nun stützen, um die Entwicklung des Geistes der Disziplin im Deutschland des 20. Jahrhunderts anhand zweier Modelle nachzuvollziehen: einmal die *Nivellierte Mittelstandsgesellschaft* von HELMUT SCHELSKY in den Fünfziger Jahren und die individualisierte *Risikogesellschaft* in den Achtzigern und Neunzigern nach ULRICH BECK. Zuletzt werde ich noch auf Grund aktueller empirischer Ergebnisse ein Bild der aktuellen Gesellschaft skizzieren und mit Durkheims Theorie in Verbindung setzen.

2.2.1 Nivellierte Mittelstandsgesellschaft

Die These der Nivellierten Mittelstandsgesellschaft wurde 1953 von Helmut Schelsky im Zuge einer empirischen Studie aufgestellt.

Er stellte fest, dass sich in der Bundesrepublik der Nachkriegszeit zwei große soziale Prozesse abzeichneten: einerseits den wachsenden Wohlstand von Industriearbeitern im Zuge des Wirtschaftswunders, und andererseits den Abstieg von vormals Bessergestellten. Dies resultierte in einem enormen Wachstum kleinbürgerlicher Lebensbedingungen. Dies schlug sich auch in der Selbstwahrnehmung der Bürger nieder, die sich zu dieser Zeit mit über 90% vornehmlich in den zwei mittleren von vier Klassen einstuften [FI89, vgl. S.213].

Schelsky schreibt von:

> *„einem relativen Abbau der Klassengegensätze, einer Entdifferenzierung der alten, noch ständisch geprägten Berufsgruppen und damit zu einer sozialen Nivellierung in einer verhältnismäßig einheitlichen Gesellschaftsschicht."*
> [FI89, S. 199]

Diese sehr homogene Gesellschaft dürfte in Bezug auf die Elemente der Moralität sehr stabil aufgestellt sein: die oben erwähnten „auseinanderstrebenden Tendenzen" kehrten sich in dieser Zeit um und schufen ein gleichmäßiges Sozialwesen, das durch den Geist der Disziplin leichter zu „kontrollieren" war. Auch die „allgemeine Ängstlichkeit" verliert in einer Gesellschaft mit relativ wenig sozialen Abstiegsmöglichkeiten und allgemeiner Wohlstandszunahme an Bedeutung.

Es scheint also, als hätte sich in den Fünfziger Jahren die von Durkheim gesehene Krise in einer Phase der Stabilität und wirtschaftlichen Wachstums aufgelöst. So überrascht es auch nicht, dass sich, entsprechend der Sozialstruktur, eine sehr strikte, kleinbürgerlich-biedere Moral entwickelte, die zu Anfang der Sechziger Jahre geschwächt wurde. Da dies zusammen mit dem Niedergang der Nivellierten Mittelstandsgesellschaft einherging, ist es gut möglich, dass sich hier der Zusammenhang von gesellschaftlichem Wandel und Moralverlust zeigt.

Die Idee von der Nivellierten Mittelstandsgesellschaft stellt, über einen längeren Zeitraum betrachtet, eine Ausnahme in der deutschen Gesellschaftsentwicklung dar, die nicht lange bestehen sollte und bereits in den Fünfzigern starker Kritik ausgesetzt war und bereits 1961 von Schelsky selbst eingeschränkt wurde [FI89, vgl. S.222].

2.2.2 Risikogesellschaft

Eine zur nivellierten Mittelstandsgesellschaft ganz verschiedene Entwicklung beobachtete Ulrich Beck 1986 auf. Im Allgemeinen beschreibt Ulrich Beck in seiner „Risikogesellschaft" eine soziales Wesen, das zutiefst geprägt ist von einer Ausdifferenzierung der Lebensformen, statt einer Vereinheitlichung. Dennoch gibt es eine Übereinstimmung zu Schelskys Idee: die allgemeine Verbesserung der Wirtschaftsbedingungen nach 1950 hätte dazu geführt, dass, trotz der nach wie vor existenten, vertikalen Differenzierung[2], die Gesellschaft von herkömmlichen Klassen- und Schichtmodellen nur noch unzureichend zu erfassen ist [Bec86, vgl. S.21f.; S.140]. Das Denken in einem aus Großgruppen bestehenden Gesellschaftsmodell ist für Beck obsolet [Bec86, vgl. S. 139ff.]. So ist die Differenzierung der Lebensformen eher horizontal statt vertikal zu verstehen.

Beck schreibt ebenfalls von einer *dreifachen Individualisierung*, die mit der allgemeinen Modernisierung einhergeht und die unmittelbar mit Durkheims Elementen der Moralität in Verbindung gebracht werden kann. Dieser Individualisierungsprozess besteht aus drei Momenten [Bec86, vgl. S.206f.]:

---

[2]Beck schreibt von einem „Fahrstuhl-Effekt": die Gesellschaft im Ganzen wird wirtschaftlich besser gestellt, so dass die vertikalen Unterschiede innerhalb der Gesellschaft nominell konstant bleiben, aber an Bedeutung verlieren, da sie im Verhältnis zur gesamten sozialen Lage klein sind.

1. Herauslösung aus historisch vorgegebenen Sozialformen- und Bindungen

2. Verlust von traditionalen Sicherheiten

3. Neue Art sozialer Einbindung

Es wird deutlich, dass, dem ersten Moment folgend, die einzelnen Individuen deutlich schwächer in die Gesellschaft eingebunden sind. Hier kann man eine Verbindung zu den erwähnten „auseinanderstrebenden Tendenzen" erkennen. Folgt man an dieser Stelle Durkheims Argumentation, so könnten sich gerade die ersten beiden Momente der Individualisierung als fatal für die Aufrechterhaltung der Elemente der Moralität erweisen. Nicht nur der Geist der Disziplin wird durch die mit dem ersten Moment weniger ausgeprägte gemeinsame, soziale Autorität geschwächt, auch der Anschluss an soziale Gruppen kann in einer heterogeneren Gesellschaft an Bedeutung verlieren, da der Einzelne weniger mit dem sozialen Wesen verflochten ist und daher weniger Motivation besteht, dieses zum Ziel seiner Handlungen zu machen.

Zwar sieht Beck mit dem dritten Moment auch die Möglichkeit der Wiedereinbindung, aber es kommt zumindest temporal zu einer Freisetzung von Individuen aus dem Gesellschaftskörper.

Das zweite Moment, von Beck auch als *„Entzauberungsdimension"* bezeichnet, korrespondiert gut mit der von Durkheim gesehenen „allgemeinen Ängstlichkeit". Nach Beck vergeht mit den „traditionalen Sicherheiten" das Vertrauen in leitende Normen [Bec86, vgl. S.206]. Die daraus resultierende Orientierungslosigkeit kann, frei nach Nietzsches „Gott ist tot", mit einem Verlust der Moral einhergehen. Schon Durkheim fordert und beobachtet Anfang des 20. Jahrhunderts eine Autoritätsübertragung vom Glauben auf die Gesellschaft als moralischer Instanz (*„laiische Moral"*). Verliert aber nun die Gesellschaft ihre Autorität und findet sich keine Neue, so droht die Moral verlustig zu gehen.

2.3 Aktuelle Gesellschaft

Ich sehe dieses Kapitel als Erweiterung von 2.2.2 und möchte hauptsächlich auf Veränderungen oder Besonderheiten seit 1986 eingehen.

In der Sozialstruktur setzt sich der Trend der Auflösung einer homogenen Gesellschaft fort. Vielfach stärker als in den Achtzigern ausgeprägt ist der Trend zur Polarisierung hinsichtlich materieller Bedingungen: seit der Wiedervereinigung stagniert, zumindest in den alten Bundesländern, die Wohlstandsentwicklung im Mittel. Dabei kommt es aber am oberen und unteren Rand zu einer Polarisierungserscheinung: während sich Vermögen im obersten Dezil akkumuliert, verlieren die unteren welches oder sammeln, wie im untersten Dezil gar Schulden an (s. Abbildung 2) [Gei10, vgl. S.14f.]. Zumindest der „Fahrstuhl-Effekt" scheint sich hier aufzulösen, auch wenn ein sinkender Anteil an einem wachsenden Gesamtvermögen nicht unbedingt auf Verarmung schließen lässt.

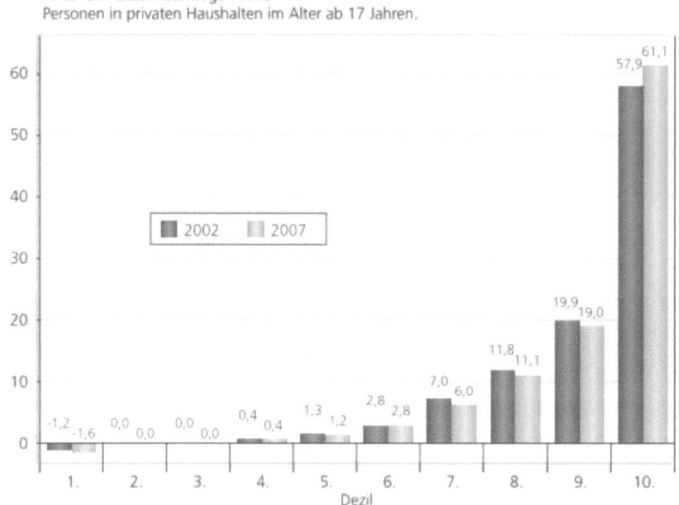

Abbildung 2: Polarisierung der Einkommensverteilung [3]

Der gleichen Argumentation wie in 2.2.2 folgend, zeichnet sich hier eine noch stärkere Unterscheidung innerhalb der Gesellschaft ab, was sich dann wiederum negativ auf die Elemente der Moralität auswirkte, nur dass die Differenzierung hier auch vermehrt im Vertikalen zu Finden ist und so die Entwicklung zusätzlich beschleunigt.

3 Schlussfolgerung

Es wurde gezeigt, dass die moralische Krise nach Durkheims Argumentation angesichts einer sich beständig schnell entwickelnden Gesellschaft nach wie vor anhalten müsste, unterbrochen von dem kurzen Intermezzo der Stabilität in den Fünfziger Jahren.

Es ist also die Frage berechtigt, dass nach langer Zeit beständiger moralischber er Krise

---

[3]Quelle: [Gei10, S.14]

die Gesellschaft nicht, wie von Durkheim prophezeit, zerbrochen ist. Hierfür kommen, davon ausgehend, dass Durkheims initiale These zutrifft, mehrere Möglichkeiten in Frage:

1. Der gesellschaftliche Zusammenbruch steht noch bevor.

2. Die Moral hat sich von dem Geist der Disziplin und dem Anschluss an soziale Gruppen gelöst und kann vollständig von dem autonomen Willen der Menschen aufrechterhalten werden, der von gesellschaftlichen Veränderungen weitestgehend unberührt bleibt. Möglicherweise entwickelten sich auch neue Elemente der Moralität.

3. Die moralische Krise existiert zwar, ihr destruktiver Einfluss wird aber zumindest abgeschwächt, weil sich die Gesellschaft an einem Punkt befindet, an dem sie keines oder nur eines geringeren moralischen Hintergrundes mehr bedarf. Als Ersatz kommen nach LUHMANN *funktionale Alternativen* in Frage; beispielsweise im juristischen Bereich, wo die Gesetze eine Distinktion erreicht hätten, dass unabhängig von der Moral durch konsequente Anwendung dieser dennoch gerechte Urteile gefällt werden [Fir94, vgl. S.318f.].

Am Wahrscheinlichsten halte ich persönlich eine Mischung aus der zweiten und dritten Möglichkeit.

Darüber hinaus besteht natürlich auch die Möglichkeit, dass Durkheims Theorie nicht ohne weiteres auf die Gegenwart übertragen werden kann, da das 20. Jahrhundert einige Entwicklungen bereit hielt, die kaum absehbar waren: zwei Weltkriege, der Ost-West-Konflikt, ein rapider technischer Fortschritt und nicht zuletzt die Globalisierung, die es immer schwerer macht, Gesellschaften national zu betrachten.

Literatur

[Bec86] BECK, Ulrich: *Risikogesellschaft: Auf dem Weg in eine andere Moderne*. Frankfurt a. M. : Suhrkamp, 1986

[Dur84] DURKHEIM, Émile: *Erziehung, Moral und Gesellschaft: Vorlesung an der Sorbonne 1902/03*. Frankfurt a. M. : Suhrkamp, 1984

[Dur91] DURKHEIM, Émile: *Physik der Sitten und des Rechts: Vorlesungen zur Soziologie der Moral*. Frankfurt a. M. : Suhrkamp, 1991

[Fl89]   *Kapitel* Hans Braun: Helmut Schelskys Konzept der „nivellierten Mittelstands-
          gesellschaft" und die Bundesrepublik der 50er Jahre.   In: FRIEDRICH-EBERT-
          STIFTUNG ; INSTITUT FÜR SOZIALGESCHICHTE BRAUNSCHWEIG-BONN: *Ar-
          chiv für Sozialgeschichte.* Bd. 29. Bonn : Verlag J.H.W. Dietz Nachf., 1989, S.
          199–223

[Fir94]   FIRSCHING, Horst: *Moral und Gesellschaft: Zur Soziologisierung des ethischen
          Diskurses in der Moderne.* Frankfurt a. M. : Campus Verlag, 1994

[Gei10]   GEISSLER, Rainer: *Die Sozialstruktur Deutschlands: Aktuelle Entwicklungen
          und theoretische Erklärungsmodelle.* Abteilung Wirtschafts- und Sozialpolitik
          der Friedrich-Ebert-Stiftung, 2010